GRASSOT

EN COURS DE PUBLICATION

CHEZ LE MÊME LIBRAIRE

MÉMOIRES DE NINON DE LENCLOS

PAR EUGÈNE DE MIRECOURT

60 livraisons à 25 centimes, avec gravures.
18 fr. l'ouvrage complet par la poste.

OUVRAGE TERMINÉ

CONFESSIONS DE MARION DELORME

PAR EUGÈNE DE MIRECOURT

60 livraisons à 25 centimes, avec gravures.
18 fr. l'ouvrage complet par la poste.

PARIS. — Imp. de Dubuisson et C⁰, rue Coq-Héron, 5.

GRASSOT

Publié par G. HAVARD. Imp. de Mangeon, 67 r. S¹ Jacq. Paris.

LES CONTEMPORAINS

GRASSOT

PAR

EUGÈNE DE MIRECOURT

PARIS
GUSTAVE HAVARD, ÉDITEUR
15, RUE GUÉNÉGAUD, 15

1857

L'auteur et l'éditeur se réservent le droit de traductio
et de reproduction à l'étranger

GRASSOT

Il est possible que vous ne connaissiez pas la rue des Fontaines.

C'est une des mille rues sombres qui se croisent et s'enchevêtrent dans le quartier Saint-Martin, dédale fangeux et inextricable, où s'entasse la population des ouvriers en chambre et des petits fabricants.

Tout ce monde, à tous les étages, dans

toutes les maisons et dans toutes les rues, s'occupe de l'*article-Paris* et confectionne ces mille et une petites merveilles à bon marché que le goût parisien impose à l'univers.

Néanmoins, la rue des Fontaines peut revendiquer une autre illustration que celle du travail.

Elle a vu naître, au mois de janvier 1804, Jacques-Antoine Grassot, l'incomparable grotesque, auquel nos contemporains doivent leurs plus joyeux éclats de rire.

Il fit entendre ses premiers vagissements entre les quatre murs d'un entresol, sous un plafond noir, graisseux et enfumé.

Si, en venant au monde, il promettait, comme singularité d'organe, tout ce qu'il a tenu depuis, la sage-femme et la mère durent avoir un étrange saisissement!

L'auteur de ses jours était le patron d'une de ces modestes fabriques dont nous parlions tout à l'heure.

M. Grassot, pour nous servir de l'expression consacrée, *faisait dans la tabletterie.*

Homme d'une probité sévère, d'une conscience inflexible, et, de plus, excellent cœur, il recevait dans le voisinage le surnom de père des ouvriers.

Sa femme avait beaucoup d'esprit naturel.

On peut dire qu'elle ne ressemblait

en aucune sorte aux bourgeoises de sa condition, qui, presque toutes, se distinguent par l'instinct rapace, l'esprit cancanier, la malice brutale et la ruse éternelle du négoce, avec le surcroit d'agrément des gros pieds et des mains rudes.

Madame Grassot, comme la plupart des mères parisiennes, était trop occupée par les soins de son ménage et par l'industrie tabletière pour conserver son enfant auprès d'elle.

Le petit Jacques-Antoine fut expédié à Villers-Cotterets, dans ce beau et salubre pays des anciens Vadicasses, où le patois même est harmonieux, nous dit avec enthousiasme Gérard de Nerval, et où les désinences des mots semblent monter au ciel, à la façon du chant de l'alouette.

Vous figurez-vous, lecteurs, le ramage du petit Grassot en dialecte picard ?

Sa nourrice était une bonne grosse commère, haute en couleur et réjouie en diable. Elle aimait l'enfant étranger comme s'il eût été son *fieu*.

Quand il sut mettre un pied devant l'autre, elle lui passa une culotte et un sarreau de laine, le chaussa de gros sabots, lui mit entre les mains une couenne de lard avec un quignon de pain d'orge, et lui dit :

— Va jouer avec les gars ! Tu reviendras manger la soupe.

Après quoi, fermant sa porte au loquet, elle rejoignit son homme aux champs.

Cette brave femme s'appelait la mère Molicard.

Notre petit Parisien ne barguigna point, et courut se mêler à la troupe joyeuse des marmots qui prenaient leurs ébats sur la Grand'Place.

Pour l'instant, on jouait à la guerre.

Toute la bande s'était formée en colonne et défilait avec cette gravité native des jeunes Français, quand, à peine échappés des langes, ils se livrent aux jeux de Bellone.

Jacques-Antoine, qui faisait son entrée dans la vie, écarquilla démesurément les yeux à ce spectacle.

Le sens symbolique des échalas dont s'étaient armés, en guise de fusils, tous ses compagnons, échappait à sa candeur.

Mais, un drapeau de deux sous, flottant au vent, le ravit d'aise ; et le capitaine, un grand frisé de six ans, au teint très olivâtre, qu'il voyait brandir, en tête de la troupe, un magnifique sabre de ferblanc, gagna tout à fait son affection.

Il se mit donc à la *queue leu leu*, comme on dit dans le pays.

Bientôt, le capitaine remarqua le zèle de Jacques-Antoine, son intelligence des manœuvres ; et, malgré sa tendre jeunesse, il daigna l'honorer, avec force calottes, de toute la familiarité possible.

Ce traîneur de sabre s'appelait Alexandre Dumas.

Gageons qu'il ne se souvient plus d'avoir porté Grassot sur ses épaules ?

Jacques-Antoine avait quatre ans lorsque sa famille le rappela du Valois. Arraché brusquement à une existence en plein air sur le plus sain des terroirs, il se trouva prisonnier dans un appartement obscur et ne respira plus que les miasmes fétides qui s'exhalent des ruisseaux de Paris.

Cette existence manquait de charme.

Il devint taciturne, et ses grosses joues fondirent. Elles ne sont plus revenues.

Sa mère l'aimait à l'adoration.

Madame Grassot disait à qui voulait l'entendre qu'elle retrouvait son portrait dans le petit Jacques-Antoine. Le fait est que notre comédien futur lui ressemblait d'une façon surprenante, en laid.

On l'envoya, pour se distraire, à l'école de la Doctrine Chrétienne, que le gouvernement de Napoléon venait de rétablir.

Mais les Ignorantins exigeaient trop d'assiduité de ce marmot souffreteux et malingre. On le retira de leurs mains pour le confier à celles d'un vieux magister de la rue des Fontaines, appelé le père Faguet.

C'était un grand vieillard de six pieds et quelques pouces, ancien garde-suisse de Louis XVI.

Il avait échappé, par une espèce de prodige, au massacre du 10 août.

La plus grande joie du brave pédagogue était de raconter à ses jeunes élèves ce terrible épisode révolutionnaire, qu'il enjolivait d'une foule de cuirs et de locutions réjouissantes.

Grassot nous a transmis quelques-unes des grotesques harangues de son vieux maître.

« J'étais-*t*-alors, disait le père Faguet, grenadier-*z*-au régiment de Salis. Quand ces tonnerre-de-Dieu de Marseillais-*t*-eurent-*z*-emporté la cour des Princes, j'*eus* la présence d'esprit de troquer ma casaque rouge contre la défroque d'un canonnier de la section des Piques, que j'avais-*t*-embroché sur sa pièce. Puis je descends quatre-*z*-à-quatre *la* grande escalier jusqu'au niveau des cuisines. Je vois-*t*-une porte ouverte, je m'y précipite et je verrouille la chose. Mais *vlà*-t-il pas que mes gredins la brisent *z*-à coups de hache. Alors, je ne fais ni une ni deux ; j'ouvre, je parais-*t*-à leurs regards, et je leur-*z*-*y* dis : « Bien obligé, » citoyens ! Ces canailles de Suisses m'a- » vaient-*z*-enfermé là-*t*-au commence- » ment du feu, parce que je criais comme » un beau diable : *Z-à bas Véto !* » Ça fait son effet. *Vlà* que les fichues bêtes m'empoignent-*z*-et me portent-*z*-en triomphe entre deux têtes de mes camarades. Fallait, je vous jure, avoir le cœur cramponné-*t*-au ventre pour ne pas s'évanouir. Enfin, quoi ! le bon Dieu m'a sauvé, *z*-et voilà l'histoire ! »

Ce récit, imprimé, paraît peut être

moins comique; mais il est désopilant lorsque Grassot le donne, après boire.

Le père Faguet n'était point méchant de son naturel. Seulement, à l'instar de tous les pédagogues de son époque, il se montrait brutal dans les corrections et ne ménageait pas les coups de férule.

S'il en administrait vingt par séance, Jacques Antoine, pour sa part, en attrapait dix-neuf.

Il était malicieux comme un singe.

Dérouler sur nos pages la longue épopée de ses espiègleries serait chose impossible; néanmoins en voici une dont il conserva le cuisant souvenir.

Un de ses tours favoris était de lancer

de l'encre aux passants avec une petite seringue, par un trou de la fenêtre.

Un soir, il voit dans la rue une jeune femme, en robe blanche, marchant avec précaution sur le pavé gras. Aussitôt il saisit son instrument et fait jaillir sur la fraîche toilette un jet du noir liquide.

Mais il a mal calculé son coup. La dame s'aperçoit de l'accident, pousse un cri et relève la tête.

O fatalité !

C'est la nièce du père Faguet, sa nièce même, en personne, qui vient souhaiter la fête à son oncle.

Pour châtier le méfait du petit drôle, le pédagogue trempa tout aussitôt dans du vinaigre une poignée de verges très fines et très élastiques. Nous vous laissons à deviner le reste.

Madame Grassot paya, de plus, la mousseline gâtée.

Jacques-Antoine reçut donc chez le magister de la rue des Fontaines infiniment plus de corrections que de principes de beau langage.

Tout ce qu'il sait, en matière grammaticale, il l'a appris de lui-même par la suite; et, de son propre aveu, il ne sait presque rien, témoin ce fragment de dialogue :

— Eh! qué que tu dis donc, mon bonhomme, que les Romains ne connaissaient pas l'eau-de-vie ?

— Non, Grassot, je t'assure.

— Alors, avec quoi qu'ils prenaient leur café?

Historique et textuel.

Jacques-Antoine fit sa première communion à la paroisse de Saint-Nicolas-des-Champs ; puis son père l'envoya comme *jeune homme* (1) chez un épicier du coin de la rue Greneta.

Les boutiques d'épiciers ne ressemblaient pas, comme aujourd'hui, à des magasins de marchandes de modes ; on ne connaissait ni le luxe de la décoration, ni celui des accessoires mobiliers. Les fenêtres, ouvertes à tous les vents,

(1) Euphémisme à l'usage des négociants en denrées coloniales.

brillaient par l'absence de glaces, au nord comme au midi.

Notre *jeune homme*, que ne réchauffait pas le feu intérieur de la vocation, mourait littéralement de froid.

Ses mains se couvraient de ces rougeurs tuberculeuses qui caractérisent les adeptes du métier. Grassot se les enveloppait d'une serpillière et s'endormait au fond du comptoir, rêvant qu'il assistait au passage de la Bérésina.

Une pratique entrait dans le magasin et secouait le dormeur.

— Allons, réveillez-vous ! Pesez-moi une livre de sucre.

— Du sucre?... Nous n'en tenons plus,

répondait Grassot, bâillant à se décrocher la mâchoire.

— Une livre de pruneaux.

— Nous n'avons que des pruneaux à médecine.

— Un paquet de chandelles des huit.

— Voilà. Cinquante sous !

— Comment ? c'est vingt sous chez le voisin.

— Eh! parbleu! allez-y chez le voisin! On ne tient pas à vous fournir, disait Jacques-Antoine, en bâillant de nouveau.

De semblables réponses éloignèrent bien vite tous les acheteurs. La clientèle désertait en masse, et l'épicier demandait aux défectionnaires :

— Pourquoi me quittez-vous ?

On lui répondait :

—Dame ! vous n'avez rien, et vous vendez trois fois plus cher qu'ailleurs.

Ceci devenait grave. Le patron, qui se savait mieux assorti que personne, soupçonna quelque sombre intrigue et se mit à épier Grassot. Il se cacha derrière un énorme sac de lentilles, et le surprit faisant l'article de la façon mentionnée ci-dessus.

L'épicier se dressa furieux; la face pourpre, le poil hérissé.

— Vil scélérat ! gredin ! canaille ! sors d'ici ! cria-t-il. Je te chasse ! Reçois ma malédiction !

A le voir ainsi apparaître à mi-corps

derrière le sac, il rappelait avantageusement ce jouet qu'on appelle *diable*, dans lequel la détente d'un ressort à boudin laisse échapper d'une boîte quelque figure hétéroclite et grimaçante.

Cette brusque vision tira Grassot de sa torpeur.

Il gagna la porte en deux sauts, et prit la fuite à jarrets déployés, poursuivi par les injures de sa victime.

Le ci-devant *jeune homme* erra jusqu'au soir dans les parages du boulevard du Temple, où il trouva pas mal d'anciens camarades de l'école des Frères, aimable jeunesse qui charmait ses loisirs par l'étude du bouchon et du petit palet.

Grassot eut le temps de faire cinquante

ou soixante parties, avant de se décider à reparaître à la maison paternelle.

Tout naturellement il reculait devant l'aveu de son équipée et des suites fâcheuses qu'elle pouvait avoir.

La faim qui lui serrait l'estomac triompha de ses appréhensions, et, l'heure du souper venue, il fit une entrée courageuse au logis, où on était loin de l'attendre.

M. Grassot père fronça le sourcil; mais la bonne mère intercéda pour le coupable.

— L'épicerie, dit-elle, est pourtant une profession superbe! mais puisqu'il n'y veut pas mordre, plaçons-le dans la quincaillerie.

Vous croyez peut-être Jacques-Antoine corrigé par l'indulgence dont on use à son égard ?

Ah ! que vous connaissez mal l'indomptable gamin de Paris !

Socrate avait un démon familier, qui lui inspirait ses pensées sublimes. Le gamin de Paris a aussi le sien, — quelque proche parent de Puck ou de Trilby, — logé dans le coin le plus fantasque de sa cervelle, et qui lui souffle, du matin au soir, d'abracadabrantes polissonneries.

Chez son quincaillier, Grassot mélangea traîtreusement les différentes sortes de clous, de vis, de crochets et de pitons, ce qui nécessitait souvent un travail d'une heure pour servir une pratique de *deux sous*.

Il jetait de pleines carafes dans le tiroir aux cadenas, imagination charmante qui produisait de l'eau ferrée délicieuse pour les estomacs affaiblis, et des articles parfaitement rouillés et impossibles à vendre.

Cette fois encore, il fut pris en flagrant délit.

Le quincaillier lui administra de la façon la plus rude sa botte au-dessous de l'échine.

— Misérable *gâteux* ! décampe !.... et plus vite que ça ! cria-t-il avec une exaspération violente.

Jacques-Antoine ne se faisait jamais répéter deux fois l'invitation de prendre l'air.

Ses parents au désespoir le placent alors chez un bijoutier de la rue Bourg-l'Abbé, le père Loison. Dans ce nouvel apprentissage, Grassot finit par se comporter un peu mieux, sauf les calembours obligés sur le nom du fabricant de bijoux.

Mais, en dehors de son travail, il conserve les mœurs les plus intraitables et la nature la plus hargneuse. Il devient la terreur des enfants du quartier.

Jacques-Antoine avait un désir frénétique de porter des sabots.

Comme il ne possédait pas un centime vaillant, et que, d'ailleurs, ses notions sur le juste et l'injuste n'étaient pas fort nettes, il s'avisa, pour se procurer sa chaussure de prédilection, d'un expédient qui pouvait le mener droit en Cour d'assises.

Il fabriquait avec de la tôle des pièces de six liards, mieux faites que les bonnes.

Puis il écoulait sa fausse monnaie par le canal d'un mendiant aveugle, innocent complice de cette fraude. Jacques-Antoine se donnait les gants de lui faire la charité.

Tous les matins l'aveugle lui rendait un sou.

Lorsque notre apprenti bijoutier eut ses sabots, il continua de fabriquer des pièces de six liards.

Avec son sou de chaque jour, il achetait des pommes de terre frites.

— Fourrez-moi cela dans ma casquette, disait-il au marchand, et faites-moi bonne mesure, puisque je vous économise le papier!

Quant au sel, voici par quel moyen subtil Grassot parvenait à l'obtenir.

Vous savez, chers lecteurs, ou vous ne savez pas, que les bijoutiers, pour affiner les matières d'or et d'argent et les rendre mates, emploient du sel blanc très fin. Jacques-Antoine entrait chez un épicier et lui disait :

— Le patron a besoin de cinquante livres de sel. Donnez-moi un échantillon de votre meilleur ; s'il convient, vous aurez la fourniture.

Un échantillon durait dix jours de pommes de terre frites, en moyenne.

Cependant, il faut le dire à sa louange, Grassot n'était pas sans scrupules à l'endroit du vieux Bélisaire auquel il faisait, chaque matin, son aumône intéressée.

Le jour de l'an venait de transformer Jacques-Antoine en capitaliste, et trois pièces de cent sous sonnaient follement dans son gousset.

— Allons, se dit-il, je suis assez riche pour réparer ma faute et me donner le luxe d'une bonne action.

Ce disant, il va trouver son aveugle.

— Bonjour, père l'Amaurose (il lui donnait ce sobriquet scientifique). Eh bien, la santé, comment va-t-elle? et la recette?

— Couci-couci.

— A propos, je me suis fait une réflexion, père l'Amaurose : on doit vous donner souvent de mauvaises pièces, à vous qui n'y voyez goutte?

— Dame! c'est possible, mon garçon, répondit l'aveugle; mais je les passe toutes.

Cette réponse apaisa les remords du coupable.

Néanmoins il suivit son impulsion généreuse. Il pouvait avoir colloqué au mendiant pour quarante sous environ de pièces de six liards : il lui donna cinq francs, et se déroba par une prompte fuite aux étreintes de sa reconnaissance.

Grassot allait tous les jours à la Monnaie porter au contrôle les bijoux du patron.

Quelquefois, en été, on le faisait attendre deux heures. Il s'agissait d'utiliser ces loisirs.

Nous le voyons alors se lier intimement avec un autre apprenti orfèvre, nommé Bance, à peu près de son âge. Grassot lui communique un plan superbe, qui vient de germer dans son esprit ingénieux.

On achète à frais communs deux sous de savon noir.

Ensuite, — vous allez nous accuser de broder peut-être; mais ce détail est d'une authenticité parfaite, — ensuite Jacques-Antoine et son ami Bance s'improvisent laveurs de chiens et baigneurs de chevaux à l'abreuvoir du Pont-Neuf, du côté de la rue Dauphine.

Cette industrie leur rapporte de magnifiques dividendes.

Ils prennent cinq sous pour un cheval, et souvent beaucoup plus pour un chien, surtout s'ils ont affaire à une vieille femme.

Nos deux chenapans la rançonnent sans pudeur.

Dès qu'Azor est entre leurs mains, au beau milieu de la Seine, ils menacent de lui faire boire un coup. La douairière éplorée pousse des cris navrants sur la

berge, et rachète à prix d'or son *pauv'
chéri*.

Mais l'abreuvoir ne regorge pas toujours de clients.

Quelquefois même, la mise de fonds préalable, c'est-à-dire les deux sous de savon noir, est impossible. Jacques-Antoine et Bance ont alors recours à mille expédients pour se les procurer.

Le jour de la Fête-Dieu, par exemple, ils se postent aux environs des petites chapelles enfantines, et touchent effrontément la recette. Si les jeunes propriétaires des chapelles osent réclamer contre ces intrus, le débat se vide à coups de poing, et nos baigneurs de chiens ne s'adressent jamais, comme on le devine, à plus forts qu'eux.

En hiver, absence complète de profits et de pourboires. On n'a pas le sou, mais on s'en console en faisant des farces.

La victime ordinaire de ces messieurs est le naïf marchand de marrons du Pont-Neuf. Ils jettent de grosses boules de neige dans le fourneau de cet honnête industriel, exploit souvent puni par de rudes calottes ; mais bah ! la farce est jouée !

Chez le père Loison, Grassot prit le goût du dessin (1).

(1) Les bijoutiers travaillent sur des dessins, faits d'avance au crayon, ou sur des aquarelles.

Son père crut voir poindre dans cette tête fantasque une vocation sérieuse. Il le fit entrer aux Menus-Plaisirs, dans l'atelier de Cicéri.

Plus tard, il devint élève de Bouton et de Daguerre.

Nous n'affirmons pas qu'il ait jamais produit des chefs-d'œuvre en peinture; mais il n'était pas plus mal doué que beaucoup d'autres sous ce rapport. On voit dans le salon de notre comédien cinq ou six tableaux dus à sa palette, et qui ont vraiment quelque mérite.

Le dernier maître de Jacques-Antoine fut un paysagiste, nommé Dufour.

Ce peintre demeurait rue Notre-Dame-de-Nazareth. Il avait un atelier situé tout au fond d'une cour, en plein nord, et comme on n'y voyait jamais entrer, pendant tout l'hiver, un atome de combustible, c'était une petite Sibérie.

Grassot et deux rapins, ses collègues, jetaient de quart d'heure en quart d'heure brosses et palettes, pour exécuter une bourrée auvergnate. Ils ne voyaient pas d'autre moyen de réchauffer la circulation.

Néanmoins, un beau jour, le thermomètre marqua douze degrés au-dessous de zéro.

La pantomime devint insuffisante.

— Frères! cria Grassot, nous ne sommes pas assez Groënlandais pour supporter cette température boréale. Faisons du feu!

— Avec nos chevalets, soit ; voilà qui est convenu, dit l'un des rapins, gros réjoui du nom de Hochard.

— Satrape! dit en riant le second collègue de Grassot : il brûlerait Paris pour faire cuire une saucisse! Je propose un moyen moins coûteux. Fendons-nous d'un cotret! Je souscris pour quinze centimes.

— Je fais deux sous, dit Hochard.

— Et moi quatre! dit Grassot. En avant par le flanc droit, chez le *fouchtra!*

Il sort, et revient, cinq minutes après, chargé d'un fagot superbe.

On déblaye la cheminée, un de ces vieux âtres profonds, immenses, garnis d'une plaque de fonte, et où l'on brûlerait toute une forêt vierge.

Mais, — ô fâcheux contre-temps! — le bois est vert; impossible de l'allumer. Une demi-heure se passe en infructueux efforts. Hochard perd patience et donne un grand coup de pied dans la plaque.

O surprise!

La plaque tombe et découvre un large trou béant, par lequel un bruit confus de voix féminines monte aux oreilles de Grassot et de ses deux compagnons.

Voilà nos rapins qui ne songent plus au froid.

Ils prennent un squelette, destiné à leurs études d'ostéologie, le suspendent à une longue corde, et le font descendre dans le gouffre.

Tout à coup les voisines, qui se chauffent et bavardent, entendent un cliquetis d'ossements ; puis elles voient apparaître deux affreux tarses, qui se prolongent en tibias décharnés, et qui exécutent au milieu des flammes la plus effrayante des danses macabres.

Elles poussent des cris d'horreur.

Les rapins jubilent et remontent vivement le squelette.

Un peu remises de leur effroi, les voisines veulent connaître la cause de cette abominable apparition. Elles envoient chercher un ramoneur.

Se tenant aux aguets, les rapins entendent monter le petit savoyard.

Ils le saisissent au passage, l'attirent dans l'atelier, lui donnent deux sous pour qu'il se taise, et le font déjeûner avec eux.

Jugez de l'épouvante que cause la disparition du ramoneur !

Vingt minutes après, on expédie un second émissaire, qui a le sort du premier. Les voisines tombent en syncope; voilà toute une maison en bouleversement.

Soudain retentit une voix menaçante qui s'engouffre dans la cheminée, et arrive à l'oreille de nos rapins comme la trompette du Jugement.

— Voulez-vous bien descendre, drôles?

Grassot promet deux sous au second ramoneur. Silence parfait.

— Ces polissons-là s'amusent sur les toits! reprend l'organe irrité. Qu'on aille chercher mes gendarmes!

A cette époque, le sergent de ville était inconnu.

M. Debelleyme ne créa l'institution qu'en 1829, lorsqu'il fut nommé préfet de police.

Nos lecteurs ont deviné que la voix menaçante est celle du commissaire. Ce magistrat, peu crédule, n'admettait pas les histoires de revenants. Il s'informe, apprend que la cheminée est mitoyenne, et qu'il y a dans la maison contiguë (1) un atelier de peintre.

Ces renseignements lui suffisent.

Bientôt il apparaît terrible, majestueux, ceint de son écharpe.

Il trouve les deux enfants de la montagne attablés entre les trois rapins et le squelette, qu'on a solennellement assis sur une chaise, avec une pipe entre les dents.

La bouffonnerie du spectacle ne déride point le commissaire.

D'ailleurs, il est furieux d'avoir été dérangé pour rien à sa première douzaine

---

(1) Les deux maisons n'en formaient d'abord qu'une. Elles avaient été divisées par héritage.

d'huîtres ; il traite nos étourneaux absolument comme un planteur traite des nègres marrons, sauf les coups de fouet.

Grassot, persuadé qu'on va le conduire à l'échafaud, se précipite aux pieds du commissaire, et embrasse convulsivement ses bottes.

Pour comble de malheur, le patron paysagiste arrive.

On lui parle de femme enceinte que la frayeur pouvait faire avorter, de police correctionnelle, de dommages-intérêts, de responsabilité civile.

Vieillard timoré, le père Dufour entre dans une colère bleue, et flanque du même coup ses trois élèves à la porte.

Ici finit le premier chant de cette épopée burlesque.

Grassot a l'âge d'homme.

Désormais il est libre ; il est son maître, et sa famille, à bout de patience, lui accorde, entre autres droits, celui de pourvoir entièrement à sa nourriture et à son entretien.

Le fidèle Hochard a voulu partager sa fortune.

Un troisième Raphaël à la grosse brosse, appelé Fauconnier (1), s'associe avec eux. Ils logent tous ensemble dans une petite chambre de la rue des Marais-Saint-Martin, n° 14. Les meubles sont rares ;

---

(1) Depuis, il s'est fait avantageusement connaître comme lithographe.

mais on voit, suspendue au mur, une superbe cravache montée en argent.

Nos artistes veulent se donner bon genre et avoir l'air de monter à cheval.

La chambre n'a qu'un lit, et ce lit est collectif; mais il est rarement occupé par plus d'un locataire à la fois.

C'est la saison des amours.

Pour spécialité invariable, la maison Grassot et compagnie adopte les *effets de neige* et les *clairs de lune*, tableaux à l'huile, sur toiles de six, tous destinés au commerce. Le marchand les paye trois francs; on les vend cinq aux amateurs.

Or, comme détail intime, il faut vous apprendre que le siége social de la maison Grassot est égayé par les gambades d'un fort joli petit singe, cadeau fait au chef de l'établissement par cette bonne Flore des Variétés.

Grassot a connu Flore par l'intermédiaire de son amant, le perruquier Francôme.

Un matin, ses deux co-associés le laissent seul avec le singe, qu'on attache ordinairement au pied du lit. Jacques-Antoine doit, ce jour-là, terminer six tableaux, trois effets de neige et trois clairs de lune.

Il y a dix-huit francs à recevoir contre livraison.

Donc, il pioche à outrance et ne s'interrompt que pour aller dîner chez son traiteur habituel, à *vingt-cinq centimes* par tête : un sou de bouillon, deux sous de bœuf et deux sous de pain.

Ce repas de Lucullus terminé, Grassot remonte quatre à quatre ses six étages.

Hélas ! quel affreux spectacle s'offre à ses regards !

Le singe a rompu sa ficelle, et donne la mise en scène complète du tableau connu de Decamps : c'est-à-dire que Grassot le trouve assis devant le chevalet, grave, presque solennel, tenant la brosse d'une main, la palette de l'autre, et achevant avec vigueur l'œuvre commencée par son maître.

L'animal malin, — nous parlons du singe, — s'est tatoué de vermillon, de cobalt, d'ocre jaune et de bleu de Prusse.

Il ressemble à l'une de ces bêtes fantastiques jetées par Callot au milieu de sa *Tentation de saint Antoine.*

Toutes les vessies sont crevées ; quinze francs de couleurs sont perdus, et les six tableaux disparaissent sous un infernal barbouillage.

La figure de Grassot passe successivement par toutes les nuances du spectre solaire.

Il prend la cravache et administre au singe une telle volée, que celui-ci le prend en haine à dater de ce jour, et qu'il faut s'en défaire à tout prix.

Le macaque de Flore est acheté quarante sous par un honnête industriel, qui le recède, le soir même, à un limonadier du boulevard pour la somme de soixante-quinze francs.

Ce bénéfice énorme est connu de Grassot.

Il s'arrache les cheveux, en songeant qu'il aurait pu le réaliser lui-même.

Tant de malheurs financiers l'accablent.

— Bah! il faut nous étourdir! lui disent ses amis.

— Je veux bien, étourdissons-nous, répond-il; mais avec quoi?

Hochard, dans un jour d'opulence, avait acheté une serrure de sûreté de vingt-cinq francs; il la démonte et va la vendre à un ferrailleur. Mais comment fermera-t-on la porte?

— Je m'en charge, dit Grassot.

Des paveurs sont dans la rue; il descend, choisit un énorme grès, le monte dans la chambre, l'entoure d'une corde en croix, passe la corde sous la porte, fait sortir ses camarades, sort lui-même, tire à lui, et cache le bout de la corde sous le paillasson.

Le pavé sert de cale à l'intérieur, et voilà trois hommes heureux.

On leur a donné sept francs de la serrure.

Ils organisent une soirée de liesse et procèdent d'abord à un dîner princier, de quarante-deux sous pour trois, dont voici le menu : potage, trois sous; — bœuf garni, cinq sous; — oie aux navets, dix sous ; — un litre de vin fin, quatorze sous ; — deux desserts, fromage et confiture, quatre sous ; — pain, six sous.

Total, comme dessus.

Ranimés par cette douce chaleur qui monte de l'épigastre au cerveau, après un festin de ce genre, ils vont faire la digestion au grand air, en stationnant une heure et demie à la queue de l'Ambigu.

M. Fresnoy, le Talma du lieu, jouait le *Songe*.

Nos sybarites prennent des places à douze sous : trente-six sous ! Au sortir du théâtre, et pour couronner dignement la fête, ils vont souper au coin de la rue de Lancry, chez le prédécesseur de Truchot (1), dépensent royalement vingt-quatre sous, reviennent joyeux comme des banquiers en goguette, et font sonner les trente-huit sous qui leur restent pour le déjeuner du lendemain. Hochard dépose les capitaux sur un tabouret; puis nos amis s'endorment bercés par des rêves de millionnaires.

Ils ronflent encore, quand la blanchisseuse arrive et frappe à la porte.

Le pavé cède; elle entre.

Comme elle vient réclamer de l'argent, il lui semble inutile de réveiller les dormeurs. Elle se paye sans façon de ses propres mains et laisse sa carte de vi-

(1) Ce n'était alors qu'un simple marchand de vins.

site, c'est-à-dire trois faux-cols et une paire de chaussettes.

Plus de déjeûner au réveil! *Sic transit gloria mundi.*

Heureusement le traiteur, homme très confiant, n'hésite pas à leur faire crédit de quinze sous.

On se remet courageusement à la besogne. A quatre heures on a terminé deux tableaux (un effet de neige et un clair de lune); c'était six francs de gagnés.

— A propos, dit le brocanteur, je connais une sage-femme, rue Saint-Louis, qui a besoin d'une enseigne : allez faire prix avec elle!

C'est à Grassot, le beau parleur de la bande, qu'échoit cette mission.

Il part et se présente chez la prêtresse de Lucine.

— Madame, lui dit-il, voici comme je comprends le sujet. L'accouchée est dans son lit, le visage pâle, mais le sourire aux lèvres. Un groupe d'amours, couronnés de roses, lui apportent l'enfant dans un berceau, et vous, madame, accoudée au chevet, vous présidez, comme un bon génie, à cette scène attendrissante.

— Mais ce sera délicieux! répond la sage-femme, émerveillée de ce luxe d'imagination. Je tiens surtout à ce qu'on fasse mon portrait ressemblant.

— Soyez tranquille, dit Grassot ; un peintre qui, après vous avoir vue, n'attraperait pas votre ressemblance, madame, serait digne des galères.

Ce madrigal décida la cliente à payer son portrait cent vingt francs.

Elle vint poser en grande toilette, et le brocanteur enchanté dit à nos amis :

— Je ne vous compterai ni toile, ni couleurs, et je vous donne cinquante francs.

Brave homme! Il y avait neuf francs de fournitures.

Le tableau fini, Fauconnier se charge d'aller le livrer au marchand et de rapporter les espèces. Mais la journée s'écoule, et Fauconnier ne revient pas.

Après six heures d'angoisse, les deux autres associés vont à sa recherche. Ils finissent par le trouver, à près de minuit, au café Turc, ivre comme un merle qui sort des vignes, et costumé en hussard, quoiqu'on ne fût point en carnaval.

Ce garçon candide avait la *toquade* de l'état militaire.

Voulant se contenter une bonne fois, il s'était promené dans tout Paris; en faisant sonner ses bottes à éperons et siffler sa cravache.

Il ne lui restait plus que huit francs sur la somme énorme qu'il avait touchée le matin ; mais il était si drôle en hussard, que ses amis n'eurent pas la force de lui reprocher sa fredaine.

Seulement, on ne lui confia plus les fonds de la communauté.

— Bah ! la peinture est une impasse, se dit Grassot, après avoir mené quelque temps encore cette vie de bohême. J'ai vingt-deux ans, rien ne m'empêche de changer de carrière : essayons autre chose!

Il se fait commis-voyageur en bijouterie d'abord, puis en librairie, puis en papiers peints, puis en gravures.

Trois années durant, il parcourt la France, obtient du succès et fait d'excellentes affaires, grâce à la sûreté de son coup d'œil, à l'originalité de ses allures, et surtout, — qu'on nous pardonne le mot, — à sa *blague* pyramidale.

Chez lui, les mœurs du rapin se combinent avec celles du voyageur de commerce.

La finesse de sa judiciaire se trouve

rarement en défaut. Il n'a pas besoin de voir les gens deux fois pour saisir leur nature d'esprit et les connaître souvent mieux qu'ils ne se connaissent eux-mêmes.

— Je n'avais pas les charmes du papillon, dit Grassot lorsqu'il raconte ses aventures de jeunesse, mais j'en avais l'inconstance !

Effectivement, nous le voyons bientôt se fatiguer des voyages.

Il revient à la peinture et entre chez Lefebvre, peintre décorateur au théâtre de la Porte-Saint-Martin.

Celui-ci avait besoin d'aides, pour que le drame de *Jane Shore* fût joué avant la pièce du même titre qu'on annonçait à l'Odéon.

Lefebvre est mandé, sur les entrefaites, chez madame la duchesse de Raguse, afin de peindre les décors d'un petit théâtre qu'elle avait à sa maison de campagne, et une représentation allait avoir lieu le samedi suivant.

Il envoie trois de ses élèves à sa place.

Grassot est du nombre.

On devait jouer chez la duchesse *le Coiffeur et le Perruquier*, puis *le Mariage de raison*. M. le duc de Guiche répétait les rôles de Pinchon dans *le Mariage* et d'Alcibiade dans *le Coiffeur*. Le programme était bien arrêté ; toutes les invitations étaient faites. Madame de Raguse conviait à cette fête la plus brillante aristocratie du noble faubourg.

Le jeudi, M. le duc fait une chute de

cheval, se luxe l'épaule et se casse une jambe.

Grand embarras de la châtelaine.

— Si madame la duchesse y consent, dit l'un des peintres décorateurs, le mal peut se réparer.

— Comment cela, monsieur ?

— Notre camarade Grassot tiendra fort bien les deux rôles. Il a toute l'étoffe d'un artiste dramatique, et fait admirablement la charge de Numa, du Gymnase.

Madame de Raguse accepte Grassot pour remplacer M. de Guiche.

Cinq ou six années auparavant, Jacques-Antoine, comme élève de Cicéri aux Menus-Plaisirs, jouissait de ses entrées au théâtre de Madame. Vingt fois il avait vu représenter les pièces dont on a plus haut donné le titre.

Il étudia les rôles, et, le soir même, il les sut d'un bout à l'autre.

Or ceci se passait le vendredi.

A la représentation du samedi, Grassot obtient un succès fou.

Cinquante ou soixante nobles dames, baronnes ou marquises, viennent le complimenter dans la coulisse, et madame de Raguse l'invite à dîner pour le lendemain.

Grassot s'excuse : il ne veut pas d'un honneur que ne partageraient point ses camarades, et ses camarades sont en blouse.

La duchesse leur fait servir à part un déjeuner superbe, auquel elle assiste avec deux grands personnages. Puis, avant de laisser partir son acteur improvisé, la généreuse châtelaine lui fait cadeau d'une riche épingle en diamant, que Jacques-Antoine eut la *canaillerie* de vendre à un orfévre du boulevard, sous le spécieux prétexte qu'un bijou trop splendide jurait avec son costume habituel.

Chez madame de Raguse, il a fait la connaissance de Perrin, excellent acteur du Gymnase, appelé au château pour soigner la mise en scène.

A quelque temps de là, Perrin, qui s'en allait en représentation à Chartres, dit à Grassot :

—Viens avec moi, tu joueras en amatenir: Je paye ton voyage et tes frais d'hôtel.

— Tôpe ! fit l'autre.

Les voilà partis.

Quand, de nos jours, vous admirez Jacques-Antoine dans *les Pommes de terre malades* ou dans *les Deux papas très bien*, vous ne vous doutez guère qu'il joua les amoureux à Chartres, en 1826, avec un succès pyramidal.

Cependant, il ne songeait pas encore à faire du théâtre son métier.

La preuve, c'est que, de retour à Paris, il entre chez un agent de change, dont il devient le commis principal, tout en tripotant dans la coulisse de la Bourse pour son propre compte.

En même temps, il juge convenable de renoncer à la vie de garçon.

Jacques-Antoine allume solennellement le flambeau de l'hyménée.

Sans aucun doute il serait aujourd'hui millionnaire, comme Jules Mirès et Polydore Millaud, si Perrin n'était pas venu le tenter une seconde fois.

— J'ai la direction du théâtre de Reims. Fais-tu partie de ma troupe? lui demande un matin son ami, entre deux côtelettes.

— Ma foi, non! tu sais bien que je ne veux pas être acteur.

— Bah! je te laisserai libre comme l'air.

— Vrai? pas d'engagement alors. Si je

m'*embête* (style Grassot), je veux pouvoir m'en aller.

— C'est dit.

Tout s'arrange. Monsieur et madame Grassot sont attachés au théâtre de Reims sous le nom de monsieur et madame Auguste.

La troupe doit desservir les arrondissements voisins.

Jacques-Antoine débute à Épernay dans *un Moment d'imprudence*. Il n'a qu'un succès douteux. Mais à Châlons, il joue par hasard, dans *la Demoiselle à marier*, de M. Scribe, le rôle de l'amoureux comique, et son triomphe est complet. Revenu à Reims, il prend le rôle de Lhéry, de *la Semaine des amours*, et l'enthousiasme du public est extrême.

Voilà notre acteur en goût.

Les bravos lui donnent du cœur au ventre; il signe un engagement de trois années avec son ami Perrin.

Si vous êtes curieux, voici en quels termes le feuilleton de *l'Abeille rémoise,* du 12 février 1827, parle de l'homme qui est devenu le premier de nos grotesques.

« .... Certes, nous n'osons comparer M. Grassot que de fort loin à Armand... Armand qui semblait avoir ravi aux Parques cruelles la grâce de Fleury, au moment où leurs impitoyables ciseaux allaient la trancher. M. Grassot a une élégance moins savante, mais tout aussi naïve. Sa taille svelte a de la souplesse sous le frac du grand seigneur. Quand il tombe aux genoux de madame Danville, c'est bien le sourire d'un séducteur qui erre sur ses lèvres; sa voix est pénétrante, sa diction est bonne, quoique un peu pressée. Son geste seul manque peut-être d'audace.... ».

Hein? qu'en dites-vous?

Néanmoins, malgré son *élégance native*, sa *taille svelte* et sa *bonne diction*, Grassot ne tarde pas à renoncer aux rôles sérieux (1).

Il regagne Paris, au commencement de 1833, et va rendre sa visite au foyer du Gymnase.

(1) On peut voir encore aujourd'hui, à Reims, l'enseigne des *Deux Magots*. Elle offre le portrait de Grassot et de l'acteur Jeault, fort applaudis dans la pièce dont cette enseigne empruntait le titre.

— D'où viens-tu? lui demande Paul, ancien apprenti bijoutier comme lui.

— J'arrive de Reims.

— Ton emploi?

— Les comiques.

— Ça tombe admirablement. Bouffé, Sylvestre, Numa sont malades, ou en province. Demande tes débuts.

Poirson, le directeur, entre au foyer, sur ces entrefaites. On lui présente Grassot, qui lui tire sa révérence.

— Est-ce que vous savez l'emploi de Legrand? dit Poirson.

— Oui, tous les rôles.

— Alors, donnez-moi votre adresse. J'aurai besoin de vous.

Grassot logeait chez son père, au Faubourg du Temple. Le lendemain, il reçoit un billet de répétition, pour débuter, le soir même, dans *la Semaine des Amours*, avec Gontier et Jenny Vertpré.

Le régisseur, ignorant le nom d'*Auguste*, imprime *Grassot* sur l'affiche. Les débuts sont heureux. Tous les artistes du Gymnase y concourent fraternellement. Numa rentré; le nouveau venu joue à ses côtés dans *Jeune et Vieille*, et Poirson lui signe un engagement.

Or, comme l'a dit un biographe, le Gymnase vise à la perfection, à la perfection correcte, prévue et arrangée à l'avance, la perfection de l'art grec. Les arabesques de Grassot juraient sur ces lignes droites. La rectitude et la fantaisie ne peuvent pas s'accoupler.

Pour la troisième fois, en 1836, notre comédien renonce au théâtre.

Il veut reprendre la peinture et s'installe, pendant quelques mois, chez Malessis, peintre de genre et de portraits; mais on engage madame Grassot à Rouen comme première amoureuse, et son mari quitte l'atelier pour la suivre.

Dans la capitale normande, il retrouve un de ses vieux amis du temps de la bohême et des charges de rapins. C'est Hippolyte Bellangé, beau-frère du directeur Walter.

On montait alors *la Juive* au théâtre des Arts.

— Je n'ai pas assez de monde pour le cortége dit Walter à Grassot. Vous seriez bien aimable de faire nombre.

— Volontiers, répond notre homme.

Il s'habille en cardinal, et s'arrange une tête incroyable. Comme il est déjà fort connu des habitués de café, il les regarde en passant devant la rampe, s'arrête et leur donne sa bénédiction.

Ces messieurs trouvent la plaisanterie charmante.

On couvre de bravos notre cardinal burlesque. Émerveillé de sa physionomie bouffonne, Walter le tourmente pour jouer le père Bizot dans *le Gamin de Paris*. Jacques-Antoine se décide. Il obtient un succès à tout rompre, et le voilà plus acteur que jamais.

Pendant six mois, il fut l'idole du public de Rouen.

Mais Dormeuil, passant un beau jour par cette ville, entre au théâtre, voit jouer Grassot, le trouve merveilleux et l'engage aussitôt.

Dans la rédaction du traité, Coupart, le secrétaire, fait une erreur : il porte deux mille francs au lieu de quinze cents francs. Le comédien pouvait se prévaloir d'un acte signé ; mais il rétablit lui-même le chiffre convenu, et Dormeuil, en récompense de sa délicatesse, lui accorde une représentation à bénéfice.

Grassot débute au Palais-Royal dans une pièce de trois débutants : Lefranc, Labiche et Marc Michel, collaborateurs inséparables depuis cette époque.

M. de Coylin ou *l'Homme infiniment poli*, tel était le titre de la pièce.

Par jugement du tribunal, on avait défendu à nos vaudevillistes d'écrire *Coislin*, orthographe patronymique d'une famille noble assez nombreuse encore.

Bientôt, les frères Cogniard donnent *les Coulisses*, pour Jacques-Antoine.

Dans cette pièce, il joue le marquis de Bel-OEil, et tout Paris vient l'admirer.

Grassot est le héros du jour.

Depuis vingt ans, on peut dire qu'il trône dans son véritable domaine, celui de la charge désopilante et de l'éclat de rire sans fin.

Le lecteur ne nous demandera pas la liste complète de son formidable répertoire, qui chaque jour s'augmente encore. Ses principales et ses plus joyeuses créations

sont : le Caporal et la Payse, — Paris
voleur, — l'Étourneau, — la Marquise
de Carabas, — Deux Papas très bien, —
l'Almanach des 25,000 adresses, — la
Fille bien gardée, — Une Fièvre brûlante,
— la Garde-Malade, — Sur la terre et
sur l'onde, — Une Chaîne anglaise, —
Mon Isménie, — la Vénus à la fraise, —
Un Bal d'Auvergnats, — la Femme aux
œufs d'or, — les Pommes de terre malades, — le Chapeau de paille d'Italie, —
Deux vieux Papillons, etc., etc.

Trois fois Grassot a eu les honneurs de
la pièce nominative : *Grassot embêté par
Ravel,* — *Grassot tueur de lions,* — et
Une tragédie chez M. Grassot.

Jacques - Antoine (le croiriez-vous,
grand Dieu !) est un des plus fervents

adorateurs de la muse tragique. Il ne manquait pas une représentation de la Ristori, quand par hasard le Palais-Royal le laissait libre, et il y pleurait comme un phoque.

La popularité de Grassot dépasse énormément la popularité d'Odry.

A l'heure où nous écrivons, rien ne manque plus à sa gloire : nous avons sous les yeux une polka intitulée : *Grassot-polka*, avec cette épigraphe :

« Gnouf! gnouf! gnouf! »

Certes, nous manquerions à nos devoirs en ne reproduisant pas ici un portrait de notre grotesque, touché de main de maitre, par M. Jouvin.

Le voici :

« Une chevelure en coup de vent ; la physionomie d'un singe en colère ; une voix qui tient de l'ours réveillé en sursaut et du soufflet d'orgue qui perd du vent ; des bras d'orang-outang désarticulés comme deux fléaux ; des genoux cagneux ; des jambes qui ont toujours l'air de frétiller sur une plaque de tôle chauffée à blanc ; une bouffonnerie qui fait mal à voir et un sérieux devant lequel on ne saurait conserver sa gravité : tout ce que l'absurde a de plus renversant, le trivial de plus bas, le mauvais goût de plus excentrique, le cynisme de plus effronté... Oui, mais toutes ces énormités de l'extravagance d'un homme, rachetées, absoutes, glorifiées par le splendide éclat de rire de la foule. On est furieux, mais on rit! On fait les gros yeux à ses voisins apoplectiques, mais on rit!

L'esquisse est un peu brutale ; néanmoins elle renferme des traits d'une exactitude saisissante.

Somme toute, et malgré les accusations d'excentricité, de mauvais goût, de cynisme, le jeu de Grassot déride les plus hypocondres. Ici-bas, le rire est une si bonne chose, qu'on lui pardonne de le provoquer avec la grimace, quelquefois avec l'absurde.

Grassot est l'incarnation d'une charge de Daumier.

Chez lui le grotesque n'exclut ni l'originalité, ni la finesse, ni la repartie vive

et piquante. Il a fait autant de bons mots
que Harel et Talleyrand. C'est lui qui a
dit de mademoiselle Félix :

— Il y a une chose qu'elle n'aura jamais à se reprocher, c'est une bonne action !

Un jour, il rencontre Jules de Prémaray, littérateur assez petit de taille, et un peu voûté.

— Ah! lui dit Grassot, quel joli bossu tu ferais, si tu avais de l'esprit !

Prémaray ne se fâcha point.

L'acteur et lui sont fort bons camarades, et, d'ailleurs, le mauvais plaisant aurait pu répondre avec Figaro : « Ce sont là de ces choses qu'on n'oserait pas dire à tout le monde, dans la crainte de rencontrer juste. »

Bayard donnait pour Fargueil une assez piteuse pièce, dans laquelle notre comédien avait un rôle d'une médiocrité déplorable.

Tout naturellement, il ne trouvait point d'effets comiques.

— C'est singulier, dit Bayard après la représentation, vous ne faites rien de ce rôle-là ?

— Parbleu ! répond Grassot. Figurez-vous que j'avais donné, ce soir, à ma cuisinière une queue de lapin pour me faire une fricassée de poulet. Elle m'a servi une ordure... Comprenez-vous cela ?

Bayard se mordit les lèvres, et ne dit plus rien.

Le héros de cette histoire semble prédestiné aux aventures burlesques, à la ville comme au théâtre.

Déjazet, le jour du Vendredi-Saint, invitait ordinairement ses camarades à passer la journée et la nuit à sa maison de campagne, située entre Corbeil et Melun; car le théâtre du Palais-Royal faisait relâche, même quand on jouait sur les autres scènes.

A ceux qui l'ignorent, nous devons apprendre que Dormeuil est très bon catholique.

Cela peut sembler extraordinaire, mais cela est.

Frétillon invita Grassot comme les autres. Or, celui-ci avait précisément à Melun un oncle et une tante, qu'il ne pouvait voir que ce jour-là.

— Impossible, dit-il à Déjazet. Ces braves gens tuent pour moi le veau gras... en maigre, et ce serait trop les désobliger.

— Quel dommage! Moreau-Sainti, Levassor, Mocker, Leménil et sa femme, Damoreau, tous les amis viennent, dit Frétillon.

— Eh bien, comme on se couche à neuf heures à la campagne, dit Grassot, je tâcherai de vous rejoindre. Donne-moi bien exactement ton adresse.

— La voici. Tu entres dans le village;

tu suis la grande rue ; tu trouves une place, et la maison qui a une grille à fers de lance dorés, c'est la mienne.

— Bon ! fit Grassot.

Mais, à Melun, la soirée de l'oncle se prolonge. Onze heures sonnent ; Jacques-Antoine ne peut songer à tenir sa promesse.

— Eveillez moi de grand matin, dit-il au domestique, et retenez-moi une place dans la voiture de Corbeil.

Au petit jour, on le dépose à six kilomètres de Melun, à l'entrée du village qu'habite Déjazet.

— Voici bien la grande rue, se dit-il ; voici la place, la grille à fers de lance dorés... J'y suis !

Il cherche la sonnette, point de sonnette.

— De l'autre côté, monsieur; tournez la rue, lui dit un indigène. Vous trouverez une petite porte, et vous n'aurez qu'à presser le bouton.

Grassot fait comme on lui dit.

La porte s'ouvre, et le voilà au milieu d'une cour silencieuse. Toute la maison sommeille. Il pénètre là comme le prince Charmant dans le palais endormi de sa princesse.

Comment faire ouvrir l'œil à tout ce monde ?

Notre comédien, de cette voix mélodieuse qu'on lui connaît, se met à chanter :

> Ô Richard, ô mon roi,
> L'univers t'abandonne !

Justement c'était l'époque où Moreau Sainti et Mocker jouaient *Richard* à l'Opéra-Comique.

— Voilà qui est flatteur pour eux, j'espère ? se dit Grassot ; et il donne à tue-tête la suite du couplet :

> Sur la terre il n'est plus que moi
> Qui s'intéresse à ta personne.

Une fenêtre s'ouvre. On lui jette deux sous.

Il trouve la charge délicieuse, ramasse la pièce de billon et continue la romance. Mais arrive une grosse vachère, qui s'écrie :

— Vous tairez-vous là-bas, hé ?... On

n'empêche pas ainsi les gens de dormir.

— Bonjour, paysanne, bonjour! dit Grassot. Tu n'aimes donc pas la musique, toi?

Il s'approche et veut lui prendre le menton.

Mais cette vertu sauvage le menace d'un balai d'écurie. Trois domestiques mâles accourent; une lutte s'engage, et Grassot, roulé par ces rustres, se met à crier comme un perdu :

— Au secours! au meurtre!... Déjazet! tes gens m'assassinent!

— Vous demandez mademoiselle Déjazet? dit un personnage en robe de

chambre, attiré par le tumulte. C'est à
l'autre bout du pays, sur l'autre place.

Tout s'explique alors, mais trop tard.

Jacques-Antoine apprend qu'il est chez
le maire de l'endroit. Il se confond en
excuses, dans la crainte que ce magistrat
ne le fourre au violon ; puis il se rend au
véritable domicile de l'actrice.

— Une autre fois, lui dit-il, si ça ne te
fait rien, tâche de ne plus me donner les
indications par la route de Corbeil, quand
j'arrive du côté de Melun. Regarde, mes
habits sont en lambeaux ; je viens de recevoir une pile atroce, et une vachère
m'a donné des coups de balai. C'est égal,
ajouta-t-il, en éclatant de rire et en montrant ses deux sous, j'ai sauvé la caisse !

Très souvent, Jacques-Antoine s'amuse à suivre les convois (1).

Ce n'est pas gai; mais il assure qu'il rapporte de ces expéditions singulières d'excellentes études de mœurs. Par exemple, il a soin de ne se mêler qu'aux enterrements de première classe, à ceux qui ont assez de voitures de deuil pour reconduire chaque invité à son domicile respectif.

De mauvaises langues affirment qu'il spécule sur les pompes funèbres pour s'économiser l'omnibus.

Pure calomnie!

Une fois dans la voiture de deuil, Gras-

(1) Il a demeuré longtemps près du cimetière Montmartre.

sot, qui se trouve avec des inconnus, se croit obligé de toucher quelques mots du défunt. Il a eu soin de regarder sur le drap mortuaire la couleur des franges, afin de connaître le sexe de la personne décédée.

Mais parfois il se trompe. Un jour, il lui échappe de dire :

— Pauvre fille ! charmante personne ! une mort bien douloureuse !.... pauvre fille !

Ses voisins répondent :

— Ah çà ! de qui parlez-vous ? C'était un ancien boucher, sapeur dans la garde nationale.

— Je sais bien, fit Grassot, je sais bien !... Sapeur et boucher.... oui ! je parle de celle qui reste. Elle est seule à plaindre.

— Mais il n'avait pas d'enfants. C'était un juif qui prêtait à la petite semaine; une affreuse canaille !

— Tiens, je croyais qu'il avait une fille... par adoption ?

— Lui !... s'il avait adopté une fille, c'eût été pour lui voler ses jupes.

— Ah ! le brigand ! voyez-vous cela !... J'ai bien l'honneur de vous souhaiter le bonsoir, messieurs ; me voici chez moi.

Inutile de dire que Grassot n'était qu'à moitié chemin ; mais la conversation devenait embarrassante ; il préféra continuer la route à pied.

Un dimanche, — il y a de cela trois ou

quatre ans; Emile Taigny, ayant un bénéfice au Jardin-d'Hiver, pria Grassot de venir chanter une chansonnette burlesque, *Suzanne Bazu, la Marchande du Temple.*

— Ne m'attends pas avant quatre heures, dit Jacques-Antoine, j'ai une répétition.

— Ça ne fait rien, prends une voiture; tu arriveras encore assez tôt.

Quatre heures et demie sonnent, et le Jardin-d'Hiver attend vainement Grassot. Deux ou trois ritournelles d'orchestre font patienter le public jusqu'à cinq heures; mais Taigny confondu ne voit rien venir.

Il se décide à faire une annonce.

— Monsieur Grassot doit être malade, ou empêché, dit-il, car j'avais sa promesse formelle.

— Allons, allons, me voilà! dit Jacques-Antoine, perçant la foule et se précipitant essoufflé sur l'estrade.

Il salue les spectateurs et leur adresse le burlesque discours que voici :

« J'ai voulu, mesdames et messieurs, prendre une voiture pour arriver plus vite... point de voitures!... Il faisait trop beau temps. Voilà déjà une demi-heure perdue. L'omnibus de Neuilly vient à passer ; je lui fais signe... O bonheur! il y avait une place, celle du président, vous savez?... dans le fond. Je m'y blottis, et je passe mes six sous à un gros bonhomme à côté de moi, qui les repasse à une femme maigre, qui les redonne à un vieux crétin, qui les remet au conducteur.

» Un instant après, voilà cet animal de conducteur qui me fait :

» — Psssit ! psssit ! il n'y a que cinq sous ?

» — J'en ai donné six.

» — Non, cinq !

» Et il faisait sauter l'argent dans le creux de sa main. Chacun de s'étonner de la discussion, pour un sou. Mais, vous comprenez, ce n'était pas pour le sou, c'était pour le principe. Le gros voisin me dit :

» — Si vous ne voulez pas le donner, je vais le donner pour vous.

» — Je m'y oppose, monsieur ; vous n'en avez pas le droit !

» Pendant ce temps-là, on avait dépassé la barrière de l'Etoile. Je veux descendre. Le conducteur me barre le chemin et me conduit de force jusqu'au pont de Neuilly. Quatre sous en sus !

» En arrivant, il refait sa caisse : le misérable avait son compte !

» Je triomphais sur toute la ligne, mesdames et messieurs ; mais j'ai cru devoir me montrer généreux. J'ai payé un moss de bière au gros bonhomme et au conducteur... vingt sous ! Pour revenir, il m'a fallu payer dix autres sous... total, trente-quatre sous, en sus de ma place ! Je vous ai fait un peu attendre, je ne dis pas le contraire ; mais je n'ai toujours pas donné ce diable de sou...

» J'ai sauvé le principe ! »

FIN

Paris.—Dubuisson et C⁰, rue Coq-Héron, 5.

Imp. Lith. de V. Janson, rue Dauphine, 18.

Le 7 avril 1858

Mon cher ami Von de Giselbrecht
pour l'attimene sien sisieur
avec titre pour titre sur le
Logogen ni le pour dam
Vous aurons
bien ami
Nadar

www.ingramcontent.com/pod-product-compliance
Lightning Source LLC
LaVergne TN
LVHW050634090426
835512LV00007B/852